Lo mejor de

Anthony de Mello

Editorial LUMEN
Viamonte 1674
1055 Buenos Aires
☎ 373-1414 (líneas rotativas) Fax (54-1) 375-0453
República Argentina

Proyecto y dirección: Basilio Makar de la Puente
Diagramación: Lorenzo D. Ficarelli
Armado: María Andrea Di Stasi
Tapa: Oscar Sánchez Rocha

Los textos de este libro
han sido extraídos de
las siguientes obras de
Anthony de Mello:

- *Autoliberación interior*
- *Caminar sobre las aguas*
- *Práctica de la oración*
- *Rompe el ídolo*

2.ª edición

ISBN 950-724-526-X

Dar el corazón a la vida

La polución propagandística no favorece la paz soñada, que brota, como fruto maduro, de los caminos auténticos de la vida. Nuestro mundo actual rebosa de estímulos engañosos, que golpean dolorosamente a los incautos y engañan hasta a los bien intencionados. Seduce a las personas con el espejismo de quimeras inconsistentes y de dudoso contenido. Las desvía del centro dinámico de su interioridad y las sacia con bocados azucarados de escaso valor alimenticio. Y la persona, lejos de encontrarse con los anhelos profundos de su mundo más verdadero, se pierde en las arenas movedizas y atormentadas de su propio yo.

Allí, ávidamente, goza de los dividendos fáciles de conquistas deslumbrantes, pero acaba arrastrándose y haciéndose sorda a las llamadas más íntimas que le vienen de su mundo más hondo. En vez de responder a ellas y de vivir lo que es, se contenta con la careta que le hace tan sólo parecer que es. Vive pendiente de la última moda, vagabundeando, sin una orientación personalizada, sin un compromiso engrandecedor, esclavizada por las propagandas consumistas que sólo la satisfacen por el momento, sin darle un rumbo claro y seguro.

Pero nosotros somos realmente más, mucho más que esas lentejuelas con que el mundo nos reviste. Deseamos más, mucho más que esta posición social a que nos aferramos y que se nos reconoce. Somos un reino infinitamente rico y divinamente fascinante, que todavía está por conquistar. Para ello es preciso armarse de coraje y atreverse a ser grande, enfrentándose con las mentiras tentadoras que impiden el acceso a la intimidad del corazón.

Y, principalmente, es preciso darle el corazón a la vida, en vez de pretender el corazón de ella. Fuimos hechos y existimos, no para aprisionar corazones, sino para liberar el nuestro.

Bernard Shaw dijo, en cierta ocasión, que todos somos reyes, con la desgracia de que vivimos fuera de nuestro reino. Porque no somos dueños de nuestro corazón, no podemos dárselo a nadie. Y ésta es la más trágica de las pobrezas y la más lamentable de las desgracias.

Neylor J. Tonin
autor de *Historias de Sabiduría*
y *Sabiduría de la A a la Z**

---

* Publicados por LUMEN, Buenos Aires, 1995.

Amor

Aunque hable todas las lenguas
humanas y angélicas,
si no tengo amor,
soy un metal estridente
o un platillo estruendoso.
Aunque posea el don de la profecía
y conozca los misterios todos
y la ciencia entera,
aunque tenga una fe
como para mover montañas,
si no tengo amor, no soy nada.

1 Co 13, 1-2

■ *Pensamientos* ■

Todos cambiamos en presencia del amor,
aun cuando el amor puede ser muy duro.

No olvidemos que la respuesta del amor
es siempre la que el otro necesita,
porque el amor verdadero
es clarividente y comprensivo.
Siempre está de parte del otro.

"Haced lo que os digo", dice Jesús.
Pero no podremos hacerlo si antes
no nos transformamos en el hombre nuevo,
despierto, libre, que ya puede amar.

Hay un proverbio chino que dice:
"Cuando el ojo no está bloqueado,
el resultado es la visión. Cuando la mente
no está bloqueada, el resultado es la sabiduría,
y cuando el espíritu no está bloqueado,
el resultado es el amor."

Ser transformado en amor, eso es
amar a Dios.

¿Qué mérito tendrías si saludases tan sólo
a los que te saludan?
¿Y si amases tan sólo
a los que te aman?
Tú tienes que ser amor total,
como el Padre celestial es todo amor.

Cuanto más amas a los otros,
más puedes hacer *sin* ellos.
Cuanto más amas a los otros,
más puedes hacer *con* ellos.

¡Sólo hay una necesidad!
Esa necesidad es amar.
Cuando alguien descubre eso,
es transformado.
Cuando la vida se vuelve oración…
la espiritualidad se traslada a nuestros actos.

Cuando sabes amar es señal de que has llegado
a percibir a las personas como semejantes a ti.
Nadie hay mejor ni peor que tú.

El amor de verdad es un estado
de sensibilidad que te capacita para abrirte
a todas las personas y a la vida.

Tú no puedes exigir a nadie que te quiera,
pero en cuanto no seas exigente y sueltes los apegos,
podrás reconocer cuántas personas te quieren así como eres,
sin exigirte nada, y comenzarás a saber lo que es amor.

Cuando amas de verdad a una persona,
ese amor despierta el amor a tu alrededor.
Te sensibiliza para amar
y comienzas a descubrir belleza y amor en todo.

Somos analfabetos en la expresión de sentimientos.

Hasta que no veas inocentes a las personas,
no sabrás amar como Jesús.

El amor es: yo estoy de tu lado,
no estoy en contra de ti.

El amor de verdad es algo no personal,
pues se ama cuando el yo programado
no existe ya.

El que ama, termina siempre por vivir
en el mundo del amor,
porque los demás no tienen más remedio
que reaccionar por lo que él los impacta.

Amar es como oír una sinfonía.
Ser sensible a toda esa sinfonía.
Significa tener un corazón sensible a todos y a todo.

Dios es Padre, pero un buen padre
que ama en libertad, y quiere y propicia
que su hijo crezca en fuerza, sabiduría y amor.

El egoísmo es exigir que el otro haga
lo que tú quieras. El dejar que cada uno
haga lo que quiera es amor. En el amor no puede
haber exigencias ni chantajes.

El amor desinteresado existe,
es el único al que se puede dar el
nombre de amor.

Amar significa ver al otro
claramente como es.

El amor no es deseo, no es fijación.
Apasionarse es el exacto opuesto al amor.

Cada uno va buscándose a sí mismo,
porque si no nos encontramos a nosotros mismos,
no podremos salir hacia los demás.

■ *Ejercicios* ■

■ Ponte en contacto con Cristo. Imagínate a ti mismo inundado con su Vida, Luz y Poder.

■ Con la imaginación, coloca las manos sobre cada persona a la que amas. Habita en cada individuo.

■ Pide que el amor de Cristo descienda sobre él, sin palabras. Míralo iluminado con la vida y el amor de Cristo. Míralo transformado.

■ Ve cada sentido, cada miembro, cada facultad inundados con la Presencia y el Poder de Jesús.

■ Derrama esta unción sobre cada una de las personas por las cuales quieres orar… sobre los enfermos.

■ Ve a cada uno de ellos iluminarse con el Poder de Jesús.

■ Haz esto mismo por las casas, por las comunidades.

▪ *Reflexiones* ▪

▪ ¿Tú ya has tenido la experiencia de que somos millones de personas en un solo Cristo?

▪ Sólo en la libertad se ama. Cuando amas la vida, la realidad, con todas tus fuerzas, amas mucho más libremente a las personas.

▪ *Para tu inspiración* ▪

Deseos

*Basta que busquéis
el reinado de Él
y lo demás os lo darán
por añadidura.*

Lc 12, 31

■ *Pensamientos* ■

Hay un deseo común,
que es el cumplimiento de lo que se cree
que va a dar felicidad al yo, al ego.
Ese deseo es apego,
porque ponemos en él la seguridad,
la certeza de la felicidad.
Es el miedo el que nos hace desear agarrar con las manos
la felicidad, y ella no se deja agarrar.
Ella es. Esto sólo lo descubrimos observando,
bien despiertos, viendo cuándo nos mueven los miedos
y cuándo nuestras motivaciones son reales.
Si nos aferramos a los deseos,
es señal de que hay apego.

El apego habrá perdido la batalla
cuando lo descubras,
y ya no tendrá el poder que la inconciencia le daba.
Tú mandarás sobre él.

La aprobación, el éxito, la alabanza, la valoración,
son las drogas con las que nos ha hecho drogadictos
la sociedad, y al no tenerlas siempre,
el sufrimiento es terrible.

El día en que entres de pleno en tu realidad,
el día en que ya no te resistas a ver las cosas como son,
se te irán deshaciendo tus ceguedades.
Puede que aún sigas teniendo deseos y apegos,
pero ya no te engañarás.

La base del sufrimiento es el apego, el deseo.
En cuanto deseas una cosa compulsivamente
y pones todas tus ansias de felicidad en ella,
te expones a la desilusión de no conseguirla.

El estar despierto y mirar sin engaños
no quiere decir que desaparezca tu programación,
sino que allí estará, pero la verás claramente,
y al apego lo llamarás apego,
y a lo que creías amor lo llamarás egoísmo.

No existe necesidad de ser popular. No existe necesidad
de ser amado o aceptado.
No existe necesidad de estar en posición
de relevancia o de ser importante.
Éstas no son necesidades humanas básicas.
Son deseos que nacen del ego
—el yo condicionado—,
del mío. Algo profundamente incrustado en ti.
Tu yo no tiene interés en estas cosas.
Él ya tiene todo lo que necesita para ser feliz.
Todo lo que necesitas es concientizarte de tus apegos,
de las ilusiones que esas cosas son,
y estarás en camino hacia la libertad.

Las cosas son lo que son. No son mías, tuyas o de él.
Esto es una mera convención entre nosotros.

No has de apegarte a ninguna cosa,
ni a ninguna persona, ni aun a tu madre,
porque el apego es miedo,
y el miedo es un impedimento para amar.

Cuando un arquero dispara simplemente por deporte,
aplica toda su destreza. Cuando apunta hacia un premio
de oro, queda ciego, pierde la razón, ve dos blancos.

Su habilidad no cambió, pero sí el premio.
Se preocupa más por vencer que por tirar.
Y la necesidad de ganar lo vació de poder.
La ambición quita poder.

La felicidad es tu esencia, tu estado natural y,
por ello, cuando algo se interpone,
la oscurece, y sufres por miedo a perderla.
Te sientes mal, porque ansías aquello que eres.
Es el apego a las cosas que crees
que te proporcionan felicidad lo que te hace sufrir.

Lo malo es que la mayoría equipara
la felicidad con conseguir el objeto de su apego,
y no quiere saber que la felicidad está precisamente
en la ausencia de los apegos, y en no estar sometido
al poder de ninguna persona o cosa.

Si buscas ser feliz, procura no perseguir tus deseos,
porque ellos no son respuesta para tu vida.
Para ser feliz, abandona tus deseos o transfórmalos,
entendiendo preferentemente su limitado valor.
La realización de los deseos trae alivio y bienestar,
no felicidad.

La raíz de todo sufrimiento es el apegarse,
el apoderarse. Apegarse no es más que
proyectar el ego, el mío sobre alguna cosa.
Tan pronto como proyectas el yo en algo,
el apego se instala.
Cuando retiramos lentamente las palabras "yo, mío, a mí"
de nuestras propiedades, campos, ropas, sociedad,
congregación, país, religión,
de nuestro cuerpo, de nuestra personalidad,
el resultado es liberación, libertad.
Cuando no hay yo, las cosas son lo que son.
Dejas que la vida sea vida.

Tú no tienes que impresionar a nadie, nunca más.
Estás completamente cómodo con todo el mundo,
no deseas nunca más nada de nadie. El no cumplimiento
de tus deseos no te hace infeliz.

Si comprendieses tus deberes, apegos,
atracciones, obsesiones, predilecciones,
inclinaciones, y si te desprendieses de todo eso,
el amor aparecería.

■ *Ejercicios* ■

■ Piensa en algo que desees intensamente. Examina esos deseos uno por uno y pregúntate: "¿No sería maravilloso que yo pudiese ser feliz, se realizasen o no esos deseos?"

■ Haz una lista de deseos. Considera uno por vez.
Pregúntate:
¿Cómo trato de satisfacer este deseo?

■ Imagina que estás en el Cielo. O en la prisión...
Valora el sentido de la vista, la salud, la libertad, la amistad.
O, incluso, insignificancias como el agua corriente, la luz eléctrica, las sábanas de la cama.

■ ¿Qué hacer si se es víctima de la ambición?
Ponte en presencia de Dios, haz un acto de fe en que el futuro está en manos de Él.
Di: "Señor, confío en que tienes el control del futuro, voy a hacer todo lo que está a mi alcance para realizar mis sueños, pero dejo el resultado en tus manos." Después, agradece por el resultado de tu actitud. Esto te traerá paz y libertad.

■ Imagina una visita al médico en la que recibes el anuncio de que tienes sólo dos meses más de vida.
¿Con quién hablar? ¿A dónde ir? ¿Qué hacer?
De noche, frente a Cristo, en la capilla. Redacta una carta a tu director espiritual.

■ *Reflexiones* ■

■ El hombre en el mundo moderno es demasiado egocéntrico. Haz una lista de tantos deseos como sea posible, de tantos problemas como sea posible.
¿Dónde encaja Dios y la búsqueda de Él en la lista?

■ El gran enemigo de la paz: un corazón apegado, endurecido y egoísta.

■ *Para tu inspiración* ■

Felicidad

Que se alegren los que se acogen a ti
con júbilo perpetuo,
que se regocijen contigo
los que aman tu nombre.

Sal 5, 12

■ *Pensamientos* ■

Mira dentro de ti, entiende que existe
un generoso reino de felicidad autosuficiente.
Tú no lo habías encontrado antes dentro de ti,
porque tu atención estaba volcada hacia las cosas en que crees,
o hacia tus ilusiones con respecto al mundo.

Necesidades emocionales para conseguir la felicidad
en el exterior, no hay ninguna;
puesto que tú eres el amor y la felicidad en ti mismo.
Sólo mostrando ese amor y gozándote en él
vas a ser realmente feliz, sin agarraderas ni deseos,
puesto que tienes en ti
todos los elementos para ser feliz.

Pon tu felicidad en la vida y te darás cuenta de que,
cuando quedas libre, es cuando eres capaz de amar.

Alimenta este valiente sentimiento.
Tú alcanzaste la felicidad.
¿Consigues sentirla?
"La felicidad no está en lo que yo poseo sino en lo que soy".
Tu yo es el que necesita ser. ¿Puedes verlo?
Ésta es la fe verdadera.

La felicidad y el amor van juntos
pero no producen emociones, ni excitación,
porque esto es enemigo de la felicidad.
Tampoco producen aburrimiento, porque la felicidad
nunca harta cuando es, de verdad, felicidad.

La felicidad no tiene contrapuesto porque nunca se pierde.
Puede estar oscurecida, pero nunca se va
porque tú eres felicidad.
Si deseamos ser felices,
podemos serlo inmediatamente,
porque la felicidad está en el momento presente.
Aun así, si deseamos ser más felices de lo que somos,
o más felices que los otros,
tenemos los atributos de una persona infeliz,
porque las felicidades no se pueden comparar.
Ese tipo de deseo es insaciable.
Podemos ser tan felices como lo somos,
y no podemos nunca medir cuán felices son los otros.

Abrir bien los ojos para ver que la infelicidad
no viene de la realidad,
sino de los deseos y de las ideas equivocadas.
Para ser feliz no has de hacer nada, ni conseguir nada,
sino deshacerte de falsas ideas, ilusiones
y fantasías que no te dejan ver la realidad.

La felicidad no tiene causa. Cuando nada pueda herirte,
ninguna persona, ningún acontecimiento, nada,
entonces serás feliz.

¿Qué hacer para ser feliz? ¡Nada! No se hace nada.
Es necesario desprenderse de las cosas.
De la ilusión. De las ideas erróneas.

Nuestra felicidad o infelicidad dependen
más de la manera por la cual percibimos
y nos enfrentamos con los acontecimientos,
que de la propia naturaleza de éstos.
Si no te está gustando tu vida,
hay algo radicalmente erróneo en ti.

Todos somos necesarios. El valor para tener en cuenta
es ser feliz y buscar tu sitio en la vida.

Tú ya eres felicidad, eres la felicidad y el amor,
pero no lo ves porque estás dormido.

■ *Ejercicios* ■

■ Intenta decir: "¡Qué suerte tengo! ¡Qué agradecido estoy!" ¿Sabes una cosa? Es imposible estar agradecido y no ser feliz.

■ Piensa en los acontecimientos del pasado, agradables o no. Y di: "¡Me hicieron bien, fueron buenos!"
Piensa en las cosas que te pasan y di: "Está bien, está bien..."
Piensa en el futuro y di: "Será bueno, será bueno..."

Y ve lo que acontecerá. La fe se transformará en alegría. La fe de que todo está en las manos de Dios y de que todo redundará en felicidad para nosotros.

■ *Reflexiones* ■

■ Todas las barreras que nos impiden alcanzar la felicidad son autoimpuestas.
¿Cuáles son las tuyas?

■ Recuerda, reflexiona y escribe tus conclusiones:
¿Quién te enseñó a expresarte, a vivir libre y feliz? Por otro lado, ¿quién te enseñó que el camino hacia la felicidad era ser aprobado y aceptado por la sociedad?

■ *Para tu inspiración* ■

Identidad

Yo soy la vid, vosotros los sarmientos:
quien permanece en mí y yo en él
dará mucho fruto;
pues sin mí no podéis hacer nada.

Jn 15, 5

■ *Pensamientos* ■

La pregunta más importante del mundo,
base de todo acto maduro, es:
¿Yo quién soy?
Porque, sin conocerte,
no puedes conocer ni a Dios.
Conocerte a ti mismo es fundamental.

Hay una cosa dentro de nosotros que es preciosa.
Una perla preciosa. Un tesoro.
El Reino de Dios está dentro de nosotros.
¡Si al menos descubriésemos eso!

Para despertarse, el único camino es la observación.
El irse observando uno a sí mismo, sus reacciones,
sus hábitos y la razón de por qué responde así.
Observarse sin críticas, sin justificaciones ni sentido
de culpabilidad ni miedo a descubrir la verdad;
es conocerse a fondo.

Si tienes problemas es que estás dormido.
La vida no es problemática. Es el *yo*
(la mente humana) el que crea los problemas.

Cuestiónalo todo y saca la realidad que hay detrás de los cuestionamientos. El día en que sientas el vacío de quedarte sin nada a qué agarrarte, ¡buena señal! Entonces ya puedes comenzar a construir con realidad.

El yo no está bien ni mal, no es bello ni feo, inteligente ni estúpido. El yo es, simplemente. Indescriptible, como el espíritu. Todas las cosas —como tus sentimientos, pensamientos y células— vienen y van. No te identifiques con ninguna de ellas. El yo no es ninguna de ellas.

La espiritualidad es, en verdad, una cuestión de ser quienes somos, de transformarnos en lo que somos, de ver quiénes somos.

Lo que llamas yo no eres tú, ni eres tampoco tu parentela, ni tu padre ni tu madre, porque eres hijo de la vida.

La espiritualidad es la que intenta solucionarte. Busca solucionar el problema del yo, que es el que está generando los problemas que te llevan al psicólogo y al psiquiatra. La espiritualidad va directamente a la raíz, a rescatar tu yo, el auténtico, que está ahogado por barreras que no lo dejan ser libremente.

Si sintieses o mirases, o te sentases
y tomases contacto contigo mismo, llegarías al silencio,
y las cosas te serían reveladas.

Cuidar de ti mismo es una actitud egoísta y autosuficiente,
pero cristiana en su origen y saludable en sus resultados.
Aprende a vivir en forma plena, humana y feliz cada día.
La actitud verdaderamente humana es aprender a nadar,
y no ahogarte con tu amigo.

La vida es muy importante
para ser desperdiciada en el ansia de ser rico,
famoso o de buena presencia, popular, bello;
o en el pavor de ser pobre, desconocido, ignorado o feo.
Estas cosas pierden importancia como si fuesen guijarros
alrededor de un diamante fulgurante.
Tú, tu verdadero yo, siempre fue y será un diamante.
El valor de tu vida es incalculable.

Cuando desistimos de existir mecánicamente,
dejamos de ser marionetas. ¿Cómo podremos tener una vida
espiritual si no estamos vivos? ¿Cómo ser discípulos
de Jesús, si somos seres mecanizados, marionetas?

Para ser como Jesús, has de ser tú mismo,
sin copiar a nadie, pues todo lo auténtico es lo real,
como real era Jesús.

Nadie más podrá mantener tu yo fuera de ti y decir:
"Mejórese, sométase, obedezca, y le daré su propio yo."
Ya no crees en que otro tenga el poder de darte tu propio yo,
ni de tomarlo de ti. ¿Sabes lo que significa no
sentirse nunca más molesto ni receloso?
Esto es una perla de inestimable valor.

Santa Teresa dijo que Dios le concedió
el don de desidentificarse de sí misma
y poder ver las cosas desde afuera.
Éste es un gran don pues el único obstáculo
y raíz de todo problema es el yo.

Vivir desidentificados es vivir sin apegos,
olvidados del ego, que es el que genera egoísmos,
deseos y celos, y por el cual entran todos los conflictos.

La paz no es necesariamente destruida
por la disputa o la discusión.

▪*Ejercicios*▪

▪ Repite: "Yo no soy nunca la imagen que tengo de mí mismo ni
la que tienen los demás de mí. *Yo soy*, y el ser no cabe en ninguna imagen porque las trasciende todas."

■ Repite: "Yo no soy esto ni aquello. Suceda lo que suceda, no perderé mi verdadero yo."

■ Imagina que Jesús está de pie delante de ti y que te dirige una de aquellas frases tan amorosas del Evangelio. Contén la reacción y, cuando no puedas más, habla con Él.
¿Qué te diría?

Si os mantenéis fieles a mi palabra, seréis realmente discípulos
míos, entenderéis la verdad y la verdad os hará libres.

Jn 8, 31-32

Sed pues perfectos como vuestro Padre del cielo es perfecto.

Mt 5, 48

¡Dichosos los que escuchan la palabra de Dios y la cumplen!

Lc 11, 28

■ Repite: "Yo no soy nada de lo que creo ser: mis cosas, mi cuerpo, mis sentimientos. Mi yo es indefinible porque no hay nada que lo defina."

■ Verse representado en una estatua. Imaginar que en una sala oscura se ilumina poco a poco la imagen. Tomar conciencia de cómo uno se ve a sí mismo. Dialogar con Cristo.

■ *Reflexiones* ■

■ El hombre se afana en descubrir a Dios, pero no se afana en descubrirse a sí mismo.
¿Cómo es ese hombre que busca a Dios?
¿Cómo eres tú?

■ Todo cambio auténtico se efectúa sin esfuerzo alguno. La persona humana tiene unas energías fabulosas en reserva, para cuando necesita ponerlas en marcha. ¿Qué cambios harías en tu vida?

■ *Para tu inspiración* ■

Iluminación

Mientras tenéis luz,
creed en la luz
para estar iluminados.

Jn 12, 36

■ *Pensamientos* ▶

Estar despierto es aceptarlo todo, no como ley,
no como sacrificio, ni como esfuerzo,
sino por iluminación.

Lo importante es el Evangelio,
no la persona que lo predica ni sus formas.
No la interpretación que se le ha dado siempre
o la que le da éste o aquél, por muy canonizado que esté.
Eres tú el que tiene que interpretar el mensaje personal
que encierra para ti, en el ahora.
No te importe lo que la religión o la sociedad prediquen.

La mayoría de las personas permanecen
presas en las imágenes que han hecho de Dios.
Ése es el mayor obstáculo para llegar a Él.

Si quieres llegar algún día a la unión
con Dios, debes comenzar por el silencio.

Dios es la Verdad, la Felicidad y la Realidad,
y Él es la Fuente, dispuesta siempre, para llenarnos
en la medida en que, libremente, nos abramos a Él.

Entra en la vida y estarás atendiendo la causa de Jesucristo...
que no nos llama simplemente
a una nueva religión, sino a la Vida.

El presente es la vida, y sólo allí están Dios y la eternidad.
Por ello hay que vivir despierto, vigilante,
para no perderte nada de ella.

Si no te aferras a ningún concepto, cosa o ideología,
te será fácil descubrir en seguida
dónde están la verdad y la realidad,
que es la voluntad de Dios escrita en la vida.

La religión puede ser de gran ayuda
mientras no la hagas más importante que Jesucristo.

Cada sonido es producido y sostenido por Dios omnipotente.
Dios es sonido.
Descansa tú en el mundo de los sonidos;
descansa en Dios.

Espiritualidad es estar despierto.
Desprenderse de las ilusiones.
Espiritualidad es nunca estar a merced de acontecimientos,
cosa o persona alguna.
Espiritualidad es haber hallado la mina de diamantes
dentro de ti.
La religión se destina a guiarte hacia eso.

La religión no es una cuestión de rituales
o estudios académicos.
No es un tipo de culto o de buenas acciones.
Religión es arrancar las impurezas del corazón.
Éste es el camino para encontrar a Dios.

Si quieres cambiarte a ti mismo, tendrá que ser en base
a comprensión, intuición, conciencia, tolerancia, sin violencia.
Pues eso mismo necesitan los demás.

Lo que importa es responder a Dios con el corazón.
No importa ser ateo, musulmán o católico;
lo importante es la circuncisión y el bautismo del corazón.
El estar despierto es cambiar tu corazón de piedra
por uno que no se cierre a la Verdad.

Si no cambiamos espontáneamente
es porque ponemos resistencia.
En cuanto descubramos los motivos de la resistencia,
sin reprimirla ni rechazarla, ella misma se disolverá.
Cuando en nosotros hay sensibilidad,
no se necesita violencia alguna para conseguir
las cosas que necesitamos.

Nunca podrás amar a los demás si te detestas a ti mismo.

Amargura en relación con los demás:
es esencial para la vida de oración eliminarla por completo;
psicológicamente es útil desprenderse de ella.
Amargura en relación con Dios: no temer sentirla,
para poder desahogarla en su presencia.
Un ambiente claro produce una unión más profunda.

Nadie hace las cosas malas adrede,
fríamente, por maldad, por la sencilla razón de que
el componente sustancial de nuestro ser es el amor,
la bondad, la felicidad, la belleza, la inteligencia
como luz de la verdad.
Si esta sustancia está ahogada
por los miedos, por el sufrimiento,
la única solución es sacar lo que estorba.

En la violencia del místico no hay nada personal.
No hay en él violencia que venga del miedo,
ni del desprecio, ni de exigencia alguna.
Puede violentarse con el otro para defenderse del mal del otro,
pero lo hará sin emociones,
aunque estará lleno de amor.

■ *Ejercicios* ■

■ Concéntrate en percibir a las personas que encuentres, tomando conciencia de cada una por separado.

Ve a Cristo en ellas.
Ámalo, sírvelo, adóralo. (Es decir, ámalas, sírvelas, adóralas.)

■ Piensa en alguien que no te gusta. Tú estás de pie frente a esa persona. Cuando la mires, intenta encontrar algo bueno en ella. Si te resulta difícil hacer eso, puedes imaginar que Jesús está de pie a tu lado y que mira a esa persona. Él será tu profesor en el arte de mirar, en el arte de amar. ¿Qué ves ahora? ¿Qué bondad, qué belleza puedes detectar en la persona?

■ *Reflexiones* ■

■ Imagina a Jesús mirándote. ¿Qué verá?

■ Si Jesús volviese a la Tierra, ¿qué piensas que sería lo primero que notaría en la humanidad?

■ Toda vez que estés amando, estarás participando de la divinidad y de la gracia. En un mundo de conciencia viciada y sospechosa, ¿puedes pensar en un camino mejor hacia Dios?

■ *Para tu inspiración* ■

Prejuicios

No juzguéis y no seréis juzgados.
Como juzguéis os juzgarán.
La medida que uséis para medir
la usarán con vosotros.

Mt 7, 1-2

■ *Pensamientos* ■

El único demonio es la inconciencia, que es la torpeza,
la ignorancia o el fracaso en ver la vida como realmente es,
entender a las personas como son
y aceptar a los otros sin miedo.
Mirar la vida más por medio de sistemas de creencia
que con el corazón, ojos y pensamiento,
he ahí el mal del mundo: inconciencia.
Casi siempre, las personas no saben lo que están haciendo.
La mayoría vive gran parte de sus vidas en la inconciencia,
con identidades erróneas.

Conócete bien a ti mismo y de dónde proceden tus motivaciones
antes de juzgar *malo* o *bueno* a nada o a nadie.

En la realidad no hay bien ni mal. No existe bien ni mal
en las personas, ni en la naturaleza. Existe solamente
un juicio mental impuesto a esta o aquella realidad.

Para despertar hay que estar dispuesto a escucharlo todo,
más allá de los cartelitos de *buenos* y *malos*, con receptividad,
que no quiere decir credulidad.

¡Dios nos libre de los que se creen santos!
Decía santa Teresa: "A ese señor, si no fuese tan *santo*,
sería más fácil convencerlo de que anda equivocado."

"Más vale el hombre que el sábado", dijo Jesús,
contrariando la programación más seguida por la religión judía.
Y por eso mataron a Jesús, por blasfemo.
¡Cuántas veces habremos crucificado a Jesús
con nuestras buenas intenciones!

El mundo de la realidad que vives es falso,
porque está sujeto a conceptos.
Los conceptos no son más que añadiduras
que ha puesto tu cultura.

¡Qué peligrosa es la inconciencia!
Para liberarte de los prejuicios sólo tienes la conciencia.
Es la conciencia la que te puede liberar.
Siempre serás esclavo de las cosas
de las que no eres consciente.

Sólo lo que surge de dentro, lo analizas, lo pasas por tu criterio
y te decides a ponerlo en práctica asumiéndolo;
es tuyo y te hace libre.

Belleza es una manera de ver las cosas.
¡Mira la Creación!
Espero que un día te sea dado el don
de ver con el corazón.
Y cuando estés viendo la Creación,
no pretendas nada sensacional.
¡Tan sólo mira! Observa sin ideas.
Mira la Creación.

■ *Ejercicios* ■

■ Mira todo lo que alcance tu vista sin poner ningún nombre.
Pasa más allá del concepto y ve la realidad que hay detrás de
cada cosa, sin fragmentación, englobando, tratando de descubrir la unidad.
No podrás explicarlo con palabras. No existen etiquetas para
la realidad.

■ *Reflexiones* ■

■ ¿Te gustaría descubrir quién eres realmente?
¿Tendrías coraje suficiente para llegar a ser tú mismo? Esto es
estimulante.
Esta nueva vida se inicia con la aceptación y el amor a ti mismo, y con la confianza en tus sentidos, todos ellos, en todos los
aspectos.
Es una aceptación especial y minuciosa. ¿Estás listo?

■ ¿Has notado que el día de Navidad sólo existe en tu cabeza?
En la naturaleza no hay día de Navidad. Pero las personas son
dominadas por sentimientos navideños. Y no hay día de año
nuevo, no hay hijos ilegítimos. Decir a alguien que él o ella es
hijo ilegítimo es un escándalo. En la naturaleza no hay hijos ile-

gítimos. La ilegitimidad es una convención humana. Decir a un niño que es adoptado, entonces...

¡Eso está sólo en la mente! Hay culturas en las que casi todos son adoptados y a nadie le preocupa. Reaccionamos a las palabras, a las ideas. Vivimos de ideas.

¿De qué ideas o prejuicios te desprenderías?

■ ¿Te preocupas al hacer algo erróneo, al desilusionar a los otros? ¿Temes ser reprendido o reprobado? Eres realmente un espécimen raro en las angustias de tu condicionamiento. ¿Estás consciente de cuánto te esfuerzas para vivir de acuerdo con las expectativas de los otros?

Estar libre de la necesidad de ser recompensado, aplaudido, es la libertad digna de nuestra estatura de hijos de Dios.

Reflexiona sobre esto y escribe qué harías para liberarte.

■ *Para tu inspiración* ■

Realidad

*No os preocupéis del mañana,
que el mañana se ocupará de sí.
A cada día le basta su problema.*

Mt 6, 34

Tú no necesitas un libro mágico, un gurú carismático,
rituales primitivos. Sólo necesitas tus cinco sentidos.
Obsérvate a ti mismo, tu cuerpo y tu mente.
En ellos encontrarás todo lo necesario,
además de los recursos que Dios te dio.

Prueba a verte a ti mismo con ojos nuevos,
luego a las personas más cercanas, luego la naturaleza
y, así, estarás más cerca de poder ver a Dios.

Para ser místico no necesito estar en un monasterio.
Se puede muy bien ser pobre e ignorante
de teorías y de leyes, y ser místico.
Lo que hace falta es estar despierto a la vida.

Nuestra inteligencia tiene una parte conceptual y otra no conceptual. ¿Qué es el misticismo? Una unión.
La parte no conceptual está confinada de tal modo
dentro de la parte conceptual
que ésta debe abrirse para percibir la "intuición del ser".

■ *Ejercicios* ■

■ "Detecta" a Dios en el aire que se respira, en los sonidos que
se escuchan, en las sensaciones que se sienten.
Descansa en todo este mundo de los sentidos.

Descansa en Dios. Entrégate al mundo, a Dios.

■ Pronuncia el nombre de Jesús con diferentes actitudes o sentimientos: adoración, amor, confianza, entrega, deseo, arrepentimiento.
Escucha que Él pronuncia a su vez tu nombre. ¿Cómo reaccionas, cuando Él lo pronuncia? ¿Qué sientes?

■ Toma un pasaje de la Escritura: "En el último y mayor día de fiesta, Jesús se puso de pie y dijo en voz alta: *Quien tenga sed, venga a mí y beba.*"

■ Supongamos que, al leer, seas tocado por esta frase. ¿Qué harás? Recita esta frase en tu corazón y deja de leer. *¡Quien tenga sed, venga a mí y beba!* Repite, repite, hasta que tu corazón quede satisfecho.

■ No es necesario pensar en el significado de las palabras, porque tu corazón sabe el sentido. Y cuando llegues a ese punto de satisfacción, reaccionarás ante esas palabras.

■ *Reflexiones* ■

■ No necesitamos intentar percibir la Buena Nueva. Tenemos en nuestro interior una mina de diamantes, somos el Reino.
¿Has percibido ya el Reino dentro de ti?

■ La fe no es inamovible y has de renovarla continuamente para que esté viva.
¿Cómo renuevas tu fe cada día?

▪ Para tu inspiración ▪

Miedo

*Y no habéis recibido
un espíritu de esclavos,
para recaer en el temor,
sino un espíritu de hijos
que nos permite clamar:
Abba, Padre.*

Rm 8, 15

◾ Pensamientos ◾

Cuando despertamos de nuestro sueño
y vemos la realidad tal cual es,
nuestra inseguridad termina y desaparecen los miedos,
porque la realidad es y nada la cambia.

Aunque vas diciendo que buscas la felicidad,
lo cierto es que no quieres ser feliz.
Prefieres volver al nido antes que volar porque tienes miedo,
y el miedo es algo conocido y la felicidad no.

Hace falta despertar.
El miedo sólo se te quita buscando el origen del miedo.
El que se porta bien a base de miedo
es que lo ha domesticado,
pero no ha cambiado el origen de sus problemas:
está dormido.

Tienes miedo porque te sientes amenazado por algo
que ha registrado la memoria.
Si despiertas, y puedes observarlo claramente
recordando su origen, el miedo no se volverá a producir,
porque eliminarás el recuerdo.

Lo contrario al miedo es el amor.
Donde existe el amor no hay miedo alguno.
Y el que no tiene miedo alguno no teme a la violencia,
porque él no tiene violencia alguna.
Toda violencia viene del miedo y crea más violencia.

"No tengáis miedo", dice Jesús en el Evangelio.
Todo el Evangelio está lleno de estas advertencias:
"No temáis..., no os preocupéis..., no os aflijáis..."

Tomamos de la vida lo no real.
Le tenemos mucho miedo a la verdad,
y preferimos hacer ídolos con la mentira.

El que se enfada es que tiene miedo.
Nosotros huimos de los enfados porque provocan nuestros miedos
y, a la vez, nos ponen violentos.
Nos asustamos de la agresividad
porque despierta nuestra propia agresividad.
Nos defendemos no por justicia, sino por miedos.

La buena religión te enseña a liberarte de los fantasmas,
y la mala a fiarte de las medallas. No metamos a Dios
en los fantasmas.

■*Ejercicios* ■

■ Di al miedo: "Entiendo por qué estás aquí. Pero confío en Dios."
Y si encuentras en el corazón que puedes hacerlo, agradece previamente por las consecuencias. Eso será de gran ayuda.

■ Agradece a Dios por todo lo que sucederá.
Tenemos que hacer lo que Jesús hizo: enfrentar el miedo y hablar con él como si fuese una persona. Amablemente, sin violencia, porque el miedo está dentro de nosotros, disfrazado de prevención.

■ Imagina que Jesucristo está aquí frente a ti y te dirige estas palabras: "No tengas miedo, soy yo mismo." No digas nada, no respondas. Deja que las palabras reverberen en tu corazón, deja que ellas movilicen todo tu ser. Y cuando no puedas ya contenerte, reacciona, y da tu respuesta.

■*Reflexiones* ■

■ Analiza sinceramente, sosegadamente, cuáles son tus cárceles imaginarias y el porqué de tus miedos. Escríbelo.

■ *Para tu inspiración* ■

Odio

Si tu enemigo tiene hambre,
dale de comer;
si tiene sed, dale de beber...
No te dejes vencer por el mal,
antes vence con el bien el mal.

Rm 12, 20-21

■ *Pensamientos* ■

Liberarte del odio es lo mismo que liberarte de tu miedo,
pues el miedo es lo que produce el odio.
Y si el miedo es por ti mismo, es que te estás odiando,
y si anida el odio en ti,
odiarás a todo el mundo.

El hombre es libre, pero no existe libertad
para distorsionar el bien. Sólo un loco o un dormido
hacen el mal —los que no saben lo que es la libertad
o no tienen libertad para ser ellos mismos—
porque son esclavos de sus compulsiones o sus miedos.

Cuando puedas limpiar tu corazón
de todos los apegos y aversiones, verás a Dios.

"Aunque diera todo a los pobres,
y mi cuerpo a las llamas —dice Pablo—,
¿de qué me serviría si no amo?"
Este modo de ver de Pablo se consigue viviendo,
y este modo de ser nace de estar despierto,
disponible y sin engaños.

El místico es el que es capaz de liberarse completamente
del miedo, por eso no es violento.
El enemigo del amor no es el odio, sino el miedo.
El odio es sólo una consecuencia del miedo.

No hay que violentarse con nada
ni para mejorarlo ni para cambiarlo.
Lo que es, es, y sólo lo es por su propia causa;
nada te puede dañar si estás despierto.

Cuando una persona no tiene antipatías ni apegos,
su amor renace, crece. Conocerá entonces el amor.
De otra manera, estará solamente ocupada
con algunas imágenes en su mente.
Ningún apego, ninguna aversión, sólo amor;
percibe y aceptarás de corazón lo que sea.

El establecimiento de relaciones es sólo posible
entre personas conscientes.
Las personas inconscientes no pueden
compartir amor.
Ellas pueden solamente intercambiar deseos,
exigencias, mutuas lisonjas y manipulación.
Prueba tu amor, para ver si es consciente.
Cuando tu deseo particular es contrariado o negado
por la persona amada,
¿con qué rapidez tu apego se transforma en resentimiento?

■ *Pensamientos* ■

El día en que ustedes paren de correr,
llegarán.

La idea que la gente tiene de la eternidad
es estúpida. Piensa que dura para siempre
porque está fuera del tiempo.
La vida eterna es ahora, está aquí, y a ti
te han confundido hablándote
de un futuro que esperas
mientras te pierdes la maravilla
de la vida que es el ahora.
Te pierdes la verdad.

El temor al futuro, o la esperanza
en el futuro, es igual, son proyecciones del pasado.
Sin proyección no hay futuro,
pues no existe lo que no entra en la realidad.

Las cosas sólo serán cuando deban ser,
por mucha prisa que te des.
La realidad no es algo
que se pueda forzar ni comprar.
Se trata de ver la realidad tal como es.

Lo que la sociedad te enseñó a atesorar no vale nada.
Lo que la historia te legó como honor, patria, deber, etc.
no vale nada, porque tienes que vivir libremente el ahora,
separado de los recuerdos, que están muertos;
sólo está vivo el presente y lo que tú vas
descubriendo en él como real.

Experimenta la realidad, ven hasta tus sentidos.
Eso te traerá hacia el ahora. Eso te traerá a la experiencia.
Es en el ahora donde se encuentra a Dios.

Se dice que un gran sabio le dijo a un
emperador romano: "Cuando llegue el día
de tu muerte, morirás sin haber vivido."
Despertemos para que esto no sea nuestro epitafio.

Obsérvate a ti mismo.
A medida que te observes, no sólo mentalmente,
sino como un observador imparcial,
dejarás tu existencia mecánica y de marioneta,
y llegarás a ser discípulo de Jesucristo.

Vivir libremente, siendo dueño de uno mismo,
es no dejarse llevar ni por persona ni situación alguna.
Saber que nada ni nadie tiene poder sobre uno
ni sobre sus decisiones.
Eso es vivir mejor que un rey,
y saber oír esa hermosa sinfonía de la vida y disfrutarla.

Las personas programadas van buscando
siempre hacer mejor las cosas.
Van ansiosos de victorias, de conquistas,
de logros y nunca están satisfechos;
por eso sufren tanto cuando no alcanzan las metas
que su exigencia les impone.
Son seres que no viven ni disfrutan con lo real.
Estos seres extienden su exigencia a los demás
y por eso están incapacitados para amar.
Buscan la felicidad donde no está.

La Realidad, la Verdad, por ser Una,
no es de nadie en exclusiva, porque es de todos;
pero menos lo es de los que quieren cristalizarla,
porque eso que se deja atrapar, ya no es Verdad.

Sólo hay vida en el presente, y vivir en el presente
supone dejar los recuerdos, como algo muerto,
y vivir las personas y los acontecimientos como algo nuevo,
recién estrenado, abierto a la sorpresa
que cada momento te puede descubrir.

Si no te agarras a ningún concepto, cosa o ideología,
te será fácil descubrir dónde están la verdad y la realidad.

Cuando se te abran los ojos, verás cómo
todo cambia, que el pasado está muerto y el que se duerme
en el pasado está muerto, porque sólo el presente es vivo
si tú estás despierto en él.

El ir contra la realidad, haciendo problemas de las cosas,
es creer que tú importas, y lo cierto es que *tú*,
como personaje individual, no importas nada.
Ni tú, ni tus decisiones ni acciones
importan en el desarrollo de la vida; es la vida
la que importa y ella sigue su curso. Sólo cuando comprendes esto
y te acoplas a la unidad, tu vida cobra sentido.
Y esto queda muy claro en el Evangelio.

Abstracción no es vida.
La vida se encuentra en la experiencia.
Es como un menú que es maravilloso leer.
Puedes guiar tu vida por el menú,
pero el menú no es la comida.
Y si gastases todo el tiempo con el menú,
nunca comerías nada.
Algunas veces es aun peor:
hay personas que se están comiendo el menú.
Están viviendo de ideas, perdiendo la vida.

El Reino de Dios está aquí y es ahora.
Es posible que hayas ganado el mundo con el aplauso,
pero perdiste la vida. La vida es algo que pasa
mientras tú estás ocupado haciendo cosas.

Un pájaro herido no puede volar,
pero un pájaro que se apega a una rama de árbol, tampoco.
¡Deja de apegarte al pasado! Dice el proverbio hindú:
El agua se purifica fluyendo; el hombre, avanzando.

Lo peor y más peligroso del que duerme
es creer que está despierto
y confundir sus sueños con la realidad.

La muerte de Jesús descubre la realidad en una sociedad
que está dormida, y por ello su muerte es la luz.
Es el grito para que despertemos.

No puedes meter un huracán en una caja,
y tampoco puedes meter la realidad en una caja.
Los límites de la realidad son inmensos y movibles.
Lo que ocurre es que el mundo
en que estamos acostumbrados a movernos
no es la realidad, sino un conjunto de conceptos mentales.

Cuando san Juan de la Cruz habla de la purificación
de la memoria, se refiere a purificarla de toda emoción.
No anclarse en los recuerdos, ni sufrir de nostalgia,
ni de añoranzas. Liberarse de las emociones del pasado.

■*Ejercicios*■

■ Examina tu propia vida. Observa todos tus pensamientos, y verás cuán frecuentemente están en el pasado y en el futuro. Ver qué poco vivo estás en el presente, ver qué poco vivo estás, es un impacto.

Piensa en eso de esta manera: estás quitando la cáscara a una naranja para luego chuparla. Si tu mente está del todo fija solamente en comer la naranja, ¿sabes qué puede pasar? Tú no estarás quitando la cáscara a la naranja porque no estarás allí. Y cuando chupes esa naranja, no la estarás saboreando, porque estarás en un sitio diferente.

■ Repite: "Señor, dame la gracia de cambiar lo que puede ser cambiado, aceptar lo que no puede serlo, y sabiduría para entender la diferencia."

■ Haz una cosa por vez y verbaliza internamente lo que estás haciendo.
Éste es un ejercicio muy bueno para entrar en el presente, para vivir en el ahora de la vida.

■ Imagina cadáveres en varios estados de descomposición. Primero, los de otros; luego, el tuyo.

Imagina:

1. El frío y la rigidez del cuerpo, poco después de la muerte.
2. El cadáver se va poniendo azul.
3. Aparecen grietas en la carne.
4. Algunas partes se descomponen.
5. Se descompone todo el cuerpo.
6. Se mantiene el esqueleto con alguna carne adherida.
7. Sólo queda el esqueleto.
8. No hay más que un montón de huesos.
9. Todo se ha convertido en polvo.

Conclusión: ¡Paz y alegría! Vivir profundamente.

▪ *Reflexiones* ▪

▪ Sólo hace falta una cosa, la capacidad de pensar algo nuevo, de ver algo nuevo y de descubrir lo desconocido. ¿Te animas? ¿Cómo lo harías?

▪ Cuando el ojo no está bloqueado, el resultado es la visión. Cuando el oído no está bloqueado, el resultado es poder escuchar, y cuando la mente no está bloqueada, el resultado es la verdad.

▪ Hay una cosa que necesitas para estar vivo: *estar ahora*. ¿Qué significa esto? Significa, en primer lugar, entender algo que poquísimas personas entienden. Que el pasado es irreal, que el futuro es irreal y que vivir en el pasado o en el futuro es estar muerto. ¿Qué opinas?

▪ *Para tu inspiración* ▪

Soledad

Dichoso el varón
que soporta la prueba,
porque, al salir airoso,
recibirá la corona de la vida
que el Señor prometió
a los que lo aman.

St 1, 12

■ *Pensamientos* ■

La misma alegría y exaltación de cuando
llega el amigo, es proporcional al miedo y al dolor
de cuando se marcha... o cuando lo esperas y no viene...
¿Vale la pena? Donde hay miedo no hay amor
y puedes estar bien seguro de ello.

No existen dificultades ante las otras
personas. La única dificultad está dentro
de ti. El problema no son los otros, sino tu forma
de reaccionar ante ellos. Descubre por qué reaccionas
de determinada manera. Así te volverás capaz
de romper con tus ilusiones.

El responsable de tus enfados eres tú,
pues aunque el otro haya provocado el conflicto,
el apego y no el conflicto es lo que te hace sufrir.
Es el miedo a la imagen que el otro haya podido hacer de ti,
miedo a perder su amor, miedo a tener que reconocer
que es una imagen la que dices amar,
y miedo a que la imagen de ti,
la que tú sueñas que él tenga de ti, se rompa.
Todo miedo es un impedimento para que el amor surja.
Y el miedo no es algo innato sino aprendido.

Si lo comprendes todo, lo perdonas todo.
Y sólo existe el perdón cuando te das cuenta de que,
en realidad, no tienes nada que perdonar.

En realidad, nadie tiene la capacidad de ofenderte.
Lo que te ofende es la forma en que interpretas el lenguaje.

Amor es pura gratitud,
y nosotros nos ponemos condiciones.
Y si nos ponemos condiciones a nosotros mismos,
¿cómo no vamos a ponérselas a los demás?
Convertimos eso que llamamos amor
en un egoísmo refinado que utilizamos, o para darnos placer,
o para evitar sensaciones desagradables,
sensaciones de culpabilidad, o miedo al rechazo.
Para evitar esto, comerciamos
con lo que llamamos amor.
Si somos capaces de ver esto y de llamar
a las cosas por su propio nombre, ya vemos claro.

La más linda redención y libertad
es experimentada cuando se deja a las otras personas solas,
existiendo, amando y creciendo, y no imponiéndoles,
interfiriendo y amoldando sus vidas.

Los hombres buscan y huyen de muchas cosas,
y no entienden que, tanto lo que buscan fuera como aquello
de lo que huyen, está dentro.

Cámbiate a ti mismo. Cuando cambies, las personas cambiarán.
El problema no está del todo en ellas, sino en la forma
en que interaccionas con ellas.

Sólo el día en que no nos importe lo que piensen de nosotros
las personas, comenzaremos a saber amarlas como son
y darles la respuesta adecuada.

El día en que cambies, cambiarán todas las personas para ti,
y cambiará tu presente.
Entonces vivirás en un mundo de amor.

No hay pareja ni amistad que esté tan segura
como la que se mantiene libre.
Sólo es eterno lo que se basa en un amor libre.
Los deseos te hacen siempre vulnerable.

Si a veces dices sí por no desilusionar a la gente,
eso no es amor, es cobardía.
Un gran ejercicio para el amor es saber decir no.

Percibe qué fascinante es estar sin un solo amigo
o consejero con quien contar.
Cuando ves la torpeza de los otros para ayudarte,
descubres el Reino dentro de ti.

Nunca te enamoras *por* alguien.
Te enamoras *por* las ideas esperanzadas
y *por* los sentimientos agradables
que creas con respecto a alguien.

Piensa en uno de los pasajes del Evangelio en que Jesús,
después de despedir a la gente, se queda solo.
¡Qué hermoso es ese amor!
Sólo el que sabe independizarse de las personas
sabrá amarlas como son.
La soledad es necesaria para comprenderte
fuera de toda programación.

Piensa en alguna temporada en que te sentiste rechazado,
desatendido o humillado.
A ver si consigues comprender la situación con realismo,
mirándola con sinceridad, en profundidad;
y puedes descubrir que, si tú no te dieras por ofendido,
no existiría rechazo, ni humillación alguna.

El vacío que llevamos dentro hace que tengamos miedo
de perder a las personas que amamos.
Pero ese vacío se llena sólo con la realidad.
Y cuando estás en la realidad ya no echas de menos nada,
ni a nadie. Te verás libre y lleno de felicidad, como las aves.

Tú no puedes exigir a nadie que te quiera
pero, en cuanto no seas exigente y sueltes los apegos,
podrás reconocer cuántas personas te quieren así como eres,
sin exigirte nada, y comenzarás a saber lo que es amor.

■ *Ejercicios* ■

■ Ponte frente a un amigo y dile: "Te dejo libre para que seas tú mismo, para tener pensamientos propios, para seguir tus inclinaciones, para entregarte a tus predilecciones, para vivir la vida de la forma que quieras. No tendré exigencias, no quiero que seas como yo deseo. No alimentaré expectativas con respecto a lo que tú debes ser o hacer en el futuro."

■ Entra dentro de ti mismo con la imaginación.
Oscuridad y vacío interiores.
Muévete hacia el centro del ser.
Imagina que se ven allí diminutas llamas de amor que apuntan en dirección a Dios, o manantiales que brotan hacia arriba, o movimientos ciegos de amor.

Reflexiones

■ La primera cosa que la educación debe dar a una persona es la capacidad de estar solo y el coraje de confiar en sus propios ojos, mente y corazón, observaciones, pensamientos y sentimientos. ¿Estás de acuerdo?

■ Piensa en todos los controles a los cuales te sometiste a causa de tu necesidad de compañía y aprobación de otras personas.

Renunciaste a la libertad, en favor de la comodidad. ¿Por qué? ¿Qué ganaste con eso?

■ Antes de cambiar a los demás, cambia tú. Limpia tu ventana para ver mejor. ¿Cómo lo harías?

■ Todos somos necesarios. El valor para tener en cuenta es ser feliz y buscar tu sitio en la vida. ¿Qué harías para lograrlo?

■ *Para tu inspiración* ■

Sufrimiento

El Señor se fija en los que lo aman,
es su robusto escudo,
su firme apoyo, sombra en el bochorno,
reparo al mediodía,
protección del que tropieza,
auxilio del que cae,
levanta el ánimo,
alumbra los ojos,
da salud y vida y bendición.

Si 34, 16-17

■ *Pensamientos* ■

¿Estás sufriendo? ¿Tienes problemas?
¿Detestas todos los minutos de tu vida?
¿Te gustan tus últimas tres horas, cada
segundo de las últimas tres horas?
Si la respuesta es no, si la respuesta es que estás sufriendo,
perturbado, tienes realmente problemas.
Hay algo erróneo en ti.
Seriamente erróneo.

No hay que buscar la felicidad en donde no está,
ni tomar la vida por lo que no es vida,
porque entonces estaremos creando el sufrimiento.

Experiencias y errores son normales y saludables;
si no hubiese experiencias y errores, no habría riesgos.
Habría sólo la conformidad calculada. Esto no es la vida,
ni el sentido de la Creación, ni la experiencia del amor,
ni el mensaje del Evangelio.

Lo cierto es que el dolor existe
porque rechazamos que lo único sustancial
es el amor, la felicidad, el gozo.

No es la naturaleza la causa del sufrimiento, sino el corazón
del hombre lleno de deseos y de miedos que le inculca
su programación desde la mente.

La felicidad no puede depender de los acontecimientos.
Es tu reacción ante los acontecimientos lo que te hace sufrir.
Naces en este mundo para renacer,
para ir descubriéndote como un hombre nuevo y libre.

El ruido existe en tu cabeza, no en la realidad.
Tus evaluaciones hacen de este ruido una molestia.

Si te apegases a emociones negativas, nunca serías feliz.
No estoy diciendo que no puedas tener
lo que se llama emociones negativas. ¡No sería humano!
Si nunca te sintieses ansioso o deprimido,
si no te entristecieses por alguna pérdida, no serías humano.
Puedes sentir emociones negativas.
¿Sabes qué es lo malo? Cuando te apegas a ellas.

La única razón de que no estés amando todo el tiempo
es que estás sufriendo.
Si no sufrieses, amarías. Estarías en paz,
esparciendo amor y paz a tu alrededor.

A ver si eres capaz de comprender que el
sufrimiento no está en la realidad sino en ti.

Busca lugares de la memoria, del corazón,
a los cuales siempre te puedes retirar
para sentirte en calma y "refrescado".
Este "retirarse" proporciona fortaleza para afrontar
la situación del momento presente
y también agudiza la percepción de éste.

La gran tragedia de la vida no está en cuánto sufrimos,
sino en cuánto perdemos.
Los seres humanos nacen durmiendo,
viven durmiendo y mueren durmiendo.

Toda mínima partícula de sufrimiento,
toda emoción negativa pueden llevarte
al entendimiento, claridad, felicidad y libertad
si sabes cómo usarlos,
si te das tiempo para comprender,
como si pudieras verlo.
Señor, puedo ver.
Comprensión: fórmula para una vida feliz.

La desilusión trae una oportunidad gloriosa.
Es como despertar a una vida nueva.
Estás bien,
aun cuando piensas que no lo estás.

No desperdicies ningún sufrimiento que te sobrevenga.

Ponte frente a las cosas que no puedes cambiar. Y di: sí.
De esa forma, estarás nombrando a Dios.
Claro que es difícil. No te esfuerces.
Pero si pudieses decir sí en el corazón,
estarías diciendo sí a la voluntad de Dios.

Si estás doliéndote de tu pasado es que estás dormido.
Lo importante es levantarse para no volver a caer.
La solución está en tu capacidad de comprensión
y de ver otra cosa que lo que te permites ver.
Ver lo que hay detrás de las cosas.

Piensa en algún sufrimiento, molestia o preocupación que tuviste.
Ahora piensa que, si tuvieses mayor conciencia,
no habrías sentido dolor.

No es la vida lo difícil, eres tú quien la vuelve difícil.

▪ *Ejercicios* ▪

▪ Haz una lista de las cosas de las cuales tú dependes, de las cosas de las cuales te sientes dueño, de las que no te quieres deshacer. Y di a cada una de ellas: "Todo esto pasará."
Haz una lista de las cosas que te desagradan y que no puedes soportar; di a cada una: "Esto también pasará."

- Imagina al Señor sentado cerca de ti; por eje
silla vacía y pensar que Él está allí. ¿Qué le di

- Vuelve a vivir un acontecimiento en el que la herida ya no esté abierta, pero subsistan resentimiento, amargura, dolor, remordimiento, sensación de pérdida. Vuelve a vivirlo. Busca y encuentra la presencia de Dios en el suceso o imagina que el Señor participa en él, como tú participas en las escenas de la vida del Señor con la práctica de la contemplación.

- Piensa en un acontecimiento del pasado reciente. Algo que haya sucedido ayer, o la semana pasada. No evites recordar un acontecimiento desagradable. Si fuese desagradable, es hasta mejor. Debes observar tu reacción a los recuerdos. ¿Cómo estás reaccionando emocionalmente? ¿Qué tipo de convicciones y actitudes tienes en relación con ese acontecimiento? Observa sólo eso y pregúntate a qué voz responde. Ten el coraje de preguntar: "¿No será ésta la reacción de otra persona reaccionando en mí? ¿Alguien del pasado que estoy acarreando?" Observa tus reacciones, no juzgues, no condenes, no apruebes.

- Experimenta este ejercicio. Puede ser un poco difícil, pero es muy provechoso.
Tus amarguras, tus celos, tus culpas, tus resentimientos. Pregúntate: "¿Qué sucedería si yo los dejase de lado?"

■ *Reflexiones* ■

■ Fuimos entrenados para la infelicidad. Nos dijeron: "Primero piensa, después habla." Fuimos entrenados para ser especialistas en obtener aprobación, en censurarlo todo: "Piensa dos veces antes de hablar, no expreses tus sentimientos; di lo que las otras personas esperan; piensa en lo que los otros pueden estar pensando." Y todo el mundo comienza a decir lo que las otras personas pueden estar pensando. ¿Alguien consigue expresarse a sí mismo en la vida real?

■ *Para tu inspiración* ■

Índice

Se terminó de imprimir en el mes de septiembre de 1997
en el Establecimiento Gráfico **LIBRIS S.R.L.**
MENDOZA 1523 (1824) • LANÚS OESTE
BUENOS AIRES • REPÚBLICA ARGENTINA

8977